Hans-Peter Oswald

Dad-Domains: Webadressen mit Pep und Esprit

Inhaltsverzeichnis

Kapitel 1: Dad-Domains: Sichere Dir Domains mit Pep und Esprit

Was bedeutet Domain Hack?

Sind Fans von Domain-Hacks Hacker?

Die Reddit-Gruppe "Domain Hack" definiert Domain Hack so:

"Ein Domainhack ist ein unkonventioneller Domainname, der Domainebenen kombiniert, insbesondere die Top-Level-Domäne (TLD), um den vollständigen 'Namen' der Domain zu buchstabieren."

Prominentes Beispiel für ein Domain Hack ist: goo.gl.

Ein Domain-Hack hat nichts mit dem Hacken einer Domain oder Website zu tun. Der "Hack" steht für einen Trick (wie beim Programmieren), nicht für einen Exploit oder Einbruch (wie bei der Sicherheit).

As-Domains, it-Domains, me-Domains, to-Domains, is-Domains, in-Domains und us-Domains lassen sich leicht als Domain-Hacks verwenden, da sie kurzen, einfachen Wörterbuchwörtern entsprechen. Manchmal wird ein Name so gewählt, dass die letzten Zeichen mit einer bestehenden Top-Level-Domain übereinstimmen, wie z. B. "inter.net", sodass jedes Zeichen zur Bildung des gemeinsamen Namens verwendet wird.

Sie können viele Top-Level-Domains für einen Domain-Hack auswählen.

Auch die Dad-Domains können für Domain Hacks verwendet werden.

Wir schlagen diese Wörter für Domain Hacks vor. Wir sind sicher, dass Sie weitere Wörter mit der Endung "dad" finden werden.

Einige Beispiele:

a)

aou.dad
ali.dad
au.dad
a.dad

b)

be.dad
bag.dad
bagh.dad

c)
cat.dad
craw.dad
cau.dad
ciu.dad
comuni.dad

d)

doo.dad
dorsocau.dad

f)

false.dad

g)

grand.dad
generali.dad

h)

ho.dad
hispani.dad
herman.dad

m)

mog.dad
mehr.dad

s)

step.dad
sole.dad

t)

trini.dad

thinguma.dad

v)

vendi.dad

Viel Spaß mit Ihren Domain-Hacks!

Hans-Peter Oswald

Links:

https://www.domainregistry.de/dad-domains.html

https://www.domainregistry.de/dad-domain.html

Kapitel 2: Dad-Domains: Hole Dir Domains wie feliznavi.dad!

Ein Domain-Hack hat nichts mit dem Hacken einer Domain oder Website zu tun. Der "Hack" steht für einen Trick (wie beim Programmieren), nicht für eine Ausnutzung oder einen Bruch (wie bei der Sicherheit).

Ein sehr schönes Beispiel für einen Domain-Hack mit den Dad-Domains ist die Domain feliznavi.dad.

Es gibt mehr als 1500 Wörter im Spanischen, die ähnliche Domain Hacks ermöglichen, weil sie auf "dad" enden.

Hans Peter Oswald

Links:

https://www.domainregistry.de/dad-domains.html

https://www.domainregistry.de/dad-domain.html

Kapitel 3: Dad-Domains und Love-Domains zum Vatertag

Pssst...Das ist hier ein Geheimtipp! Der ist ganz im Vertrauen nur für S i e bestimmt! Bitte nicht weitererzählen! Es gibt **Dad-Domains** ...

"Lass das doch mal Papa machen", heißt es in einem "Stromberg"-Film. Ob gewollt oder nicht gewollt: Das ist auch eine Hommage an die Väter. Papa ist der Allerbeste! Damit das keiner vergisst, hat man(n) den Vatertag eingeführt. Der Vatertag wird in Deutschland immer an Christi Himmelfahrt gefeiert. Am Vatertag bekommen die Männer die Geschenke, die sie an Muttertag zu schenken vergessen haben.

Auch im Internet wird verstärkt an die Väter gedacht.

ICANN hat bekanntlich zahlreiche neue Top Level Domains einführen. ICANN hat bereits Hunderten von Bewerbungen um die Neuen Top Domains ein Plazet gegeben - darunter auch der Bewerbung für die Dad-Domains.

Während die De-Domains sich viele teilen, gehören die Dad-Domains den Vätern allein.

Wie kommt man zu einer Dad-Domain?

-Mutti und die Kinder schenken sie Vati zum Vatertag, Geburtstag, an Weihnachten oder Ostern
-Vati bestellt sie selbst, um seine Familie auf seiner Domain vorzustellen: mein Haus, meine Yacht, meine Familie....

Zahlreiche Namen, die unter der De-Domain und Com-Domain schon längst weg sind, sind unter den Dad-Domains noch möglich, wie z.B. prima.dad, ich-habe-dich-lieb.dad etc.

In Deutschland fällt der Vatertag immer auf Christi Himmelfahrt. Wenn Ihnen der Blumenstrauß oder das Rasierwasser zu altbacken ist, haben wir einige Vorschläge... Sie könnten Ihrem Mann, Dad oder Freund ein romantisches Geschenk machen, wie die Domains you-are-my-only.love und youaremyonly.love.

Oder Sie machen ein nicht ganz uneigennütziges Geschenk, wie zum Beispiel all-I-need-is.love. Ihrer Fantasie und Kreativität sind keine Grenzen gesetzt.

Sie wünschen eine Domain als E-Mail Adresse für die ganz Familie? Mit der Family-Domain wird die E-Mail-Adresse Vorname@Nachname.family möglich.

Dad kann auch die passende E-Mail-Adresse bekommen: Vorname@Nachname.dad. Vielleicht auch als Geschenk zum Vatertag ...

Neue Untersuchungen z.B. von Searchmetrics zeigen, dass die Neuen Top Level Domains bei Themen, die mit dem Domainnamen zusammenhänge, eine bessere Platzierung in Suchmaschinen erzielen können.

http://www.domainregistry.de/dad-domains.html
http://www.domainregistry.de/love-domains.html
http://www.domainregistry.de/family-domains.htm

Kapitel 4: Dad-Domains: Mein.dad, dein.dad und grand.dad sind noch erhältlich

Die Dad-Domains sind in der GoLive Period.

Die Domains bag.dad, grand.dad, mein.dad und dein.dad sind noch verfügbar (Stand: Juni 2023).

Das ist überraschend.

Diese Domains sind Premium-Domains, d.h. besonders wertvolle Domains. Grand.dad kostet deutlich weniger als 1000 EUR/Jahr.

Dein.Dad kostet nur 99 EUR/Jahr. Mein.Dad ist etwas teurer:

359 EUR/Jahr.

Wenn Sie schnell handeln, könnten Sie der Besitzer dieser schönen Domains werden.

Link:
https://www.domainregistry.de/dad-domains.html

Kapitel 5: Dad-Domains: Viel Humor und auch Ratgeber

Die **Dad-Domains** passen nicht so ganz zu den anderen Domains von Google, die wie zum Beispiel die **Dev-Domains** und **App-Domains** einen starken Bezug zu dem Google Universum besitzen.

Das und mehr ist auch der bekannten Nachrichtenseite "Wired" aufgefallen.

"Wired" bemerkt etwas süffisant:

"Wird '.dad' die Art und Weise, wie wir das Internet nutzen, für immer revolutionieren? Wahrscheinlich nicht."

Doch "Wired" findet durchaus auch Bemerkenswertes unter den Dad-Domains:

"Werden einige der neuen Domains für Papas Sie zum Lachen bringen? Absolut. Besuchen Sie Links wie jokes.dad, meme.dad und dad.dad, um Sammlungen von Normcore-Humor zu finden, die

am besten mit einem Paar Crocs und Cargo-Shorts genossen werden können."

"Wired" findet auch Ernsthaftes unter den neuen Dad-Domains:

"Die neuen „dad" -Domains enthalten auch Anleitungen für Väter, die bessere Eltern (mr.dad), bessere Haustierbesitzer (dog.dad) und bessere Ass Shaker (dance.dad) sein wollen. Hören Sie das ganze Jahr über Weihnachtsmusik auf feliznavi.dad oder verschwenden Sie ein paar Minuten damit, Ihren 8-Bit-Rasen perfekt auf classic.dad zu mähen."

Vielleicht wollen auch Sie die neue Welt der Dad-Domains um ein zusätzliches Grundstück bereichern ...

Hans-Peter Oswald

Links:

https://www.domainregistry.de/dad-domains.html
https://www.domainregistry.de/dev-domains.html
https://www.domainregistry.de/app-domains.html

Kapitel 6: Dad-Domains: Formulierungen voller Charme

Mit den **Dad-Domains** sind Formulierungen voller Charme möglich.

Sagen Sie Dad, was er tun soll: tanze.dad, hoerzu.dad, lerne.dad, kommnachhaus.dad. Der Fantasie sind keine Grenzen gesetzt. Bei diesen Beispielen wird Dad direkt angesprochen.

Es geht aber auch anders.
Geben Sie zum Beispiel Kindern einen guten Rat: vertraue.dad, lernevon.dad, machswie.dad ...

Ein Domain-Hack hat nichts mit dem Hacken einer Domain oder Website zu tun. Der "Hack" stellt einen Trick dar (wie beim Programmieren),nicht einen Exploit oder Einbruch (wie bei der Sicherheit).

Ein sehr schönes Beispiel für einen Domain Hack ist die Domain feliznavi.dad.

Es gib über 1500 spanische Wörter, mit denen ähnliche Domain Hacks möglich sind, weil sie auf "dad" enden.

So etwas wäre zum Beispiel auch mit Bagdad möglich: bag.dad (diese Domain ist übrigens noch frei).

Hans-Peter Oswald

Links:

https://www.domainregistry.de/dad-domains.html

https://www.domainregistry.de/dad-domain.html

Kapitel 7: Dad-Domains: Wenn "DAD" in Ihrem Firmennamen steht...

Viele Firmen habe Millionen investiert,um eine eigene Domainendung wie .meinefirma zu bekommen.Wenn Ihre Firma DAD heißt oder "DAD" im Firmennamen enthalten ist, können Sie Ihre eigene Domainendung zu einem Bruchteil dieser Kosten aktivieren.

Ihre Firma heißt beispielsweise "Die Abfalldienst DAD GmbH". Eine Domain "abfalldienst.dad" würde gut zu diesem Firmennamen passen.

Und tatsächlich: Sie können jetzt Domains wie Ihrefirma.dad registrieren. Falls "Dad" ein Bestandteil Ihres Firmennamens ist, spiegelt der Domainnamen Ihren Firmennamen im Web wider. Ein solcher, mit dem Firmennamen identischer Domainname besitzt eine hohe Merkfähigkeit.

Auch hier befruchtet sich der Domainname ihrefirma.dad mit dem in Print Medien oder online erwähnten Firmennamen. Die Merkfähigkeit wird

durch Printmedien und Internet wechselseitig erhöht.
Die große Merkfähigkeit der Domain ist ein Schlüsselelement bei der Vermarktung Ihrer Webseite.

Die höhere Merkfähigkeit kommt dem Marketing der Webseite und damit der dahinterstehenden Firma zu gute.

Es sind ebenfalls E-Mail Adressen wie z.B. auftrag@abfalldienst.dad möglich

Den Zusammenhang zwischen einem besseren Ranking in Suchmaschinen und den Neuen Top-Level-Domains hat eine Studie von Searchmetrics für die Berlin-Domains bereits erwiesen.
Webseiten mit Berlin-Domains sind bei regionalen Suchanfragen in Google häufig besser platziert als Webseiten mit .de-Domains und .com-Domains.
Das Ergebnis der Searchmetric-Studie lässt sich wie folgt zusammenfassen:

"Bei 42% der Suchanfragen ranken .berlin-Domains lokal besser."

Eine weitere Studie von Total Websites in Houston zeigt, dass die Ergebnisse der Searchmetrics-Studie prinzipiell auf alle Neuen Top-Level-Domains übertragbar sind, also auch auf die Dad-Domains. Total Websites stellt fest, dass Google die Domainendungen der Neuen Top-Level-Domains als wichtiges Kriterium für die Bewertung einer Domain heranzieht und kommt daher zu folgendem Schluss:

"Es ist klar, dass die Neuen Top-Level-Domains das Ranking in Suchmaschinen verbessern."

Der ICANN-Prozess der Einführung neuer Top Level Domains schreitet fort. Die Sunrise-Period der Dad-Domains hat am 2. April 2023 begonnen und geht bis zum 10. Mai 2023. In der Sunrise Period können sich Inhaber von Marken um gleichlautende Dad-Domains bewerben. Eine Anmeldung der Marken beim Trademark Clearinghouse ist notwendig.

Die General Availability startet am 15. Mai 2023. Nicht nur bei der Registrierungsstelle, sondern auch bei vielen Registraren gilt das Prinzip: "Wer zuerst kommt, mahlt zuerst". Um sich alle

Chancen zu sichern, ist es ratsam, bereits jetzt eine Vor-Registrierung für die gewünschte Dad-Domain vorzunehmen.

Übrigens: Sie können Ihre neue Dad-Domain problemlos auf Ihre alte Webseite weiterleiten. Und umgekehrt.

Hans-Peter Oswald

Links:

https://www.domainregistry.de/dad-domains.html

https://www.domainregistry.de/dad-domain.html

Kapitel 8: Dad-Domains als Geschenk

Pssst...Das hier ist ein Geheimtipp! Der ist ganz im Vertrauen nur für S i e bestimmt! Bitte nicht weitererzählen! Es gibt **Dad-Domains**...

Auch im Internet wird verstärkt an die Väter gedacht.

ICANN hat bereits hunderten von Bewerbungen um die Neuen Top Domains ein Plazet gegeben- darunter auch der Bewerbung für die Dad-Domains.

Während die De-Domains sich viele teilen, gehören die Dad-Domains den Vätern allein.

Wie kommt man zu einer Dad-Domain?

- Mutti und die Kinder schenken sie Vati zum Vatertag, Geburtstag, an Weihnachten oder Ostern
- Vati bestellt sie selbst, um seine Familie auf seiner Domain vorzustellen: mein Haus, meine Yacht, meine Familie....

- Zahlreiche Namen, die unter .de und .com schon längst weg sind, sind unter den Dad-Domains noch möglich, wie z.B. super.dad, ich-habe-dich-lieb.dad etc.

Dad kann auch die passende E-mail Adresse bekommen: Vorname@Nachname.Dad. Vielleicht auch als Geschenk....

Die com-Domain besteht aus drei Buchstaben. Sie ist die erfolgreichste Domain der Welt. Dass eine com-Domain nur drei Buchstaben ausmacht, ist einer der Gründe für den Erfolg.

Ihnen ist sicherlich auch aufgefallen, dass die Dad-Domain auch nur aus drei Buchstaben besteht ...

Hans-Peter Oswald

Links:

https://www.domainregistry.de/dad-domains.html

https://www.domainregistry.de/dad-domain.html

Kapitel 9: Dad-Domains - Eltern und Väter als Zielgruppe

Die Dad-Domain ist die optimale Domain für Organisationen und Firmen, die Väter oder Eltern als Zielgruppe haben.

Google Registry schreibt über die neuen Dad-Domains:

"Die Domain.dad ist eine sichere Domain für Väter. Egal, ob Sie ein Vater sind, der einen Blog starten möchte, oder jemand, der Wertschätzung für die Vaterfiguren in seinem Leben zeigt, .dad ist der Ort für vaterschaftsbezogene Inhalte."

Google Registry präzisiert:
"The proposed gTLD will provide the marketplace with direct association to the term, 'dad'. The mission of this gTLD, .dad, is to create a premiere online destination where registrants can offer and users can gain access to ideas, products, services and information about fathers and fatherhood."

Die Dad-Domain ist ein sicherer Namensraum,

was bedeutet, daß https für alle Webseiten unter .Dad erforderlich ist. Sie können zwar eine Dad-Domain auch kaufen und die Dad-Domain parken, aber sie funktioniert in einem Browser nur mit SSL Verschlüsselung.

Hans-Peter Oswald

Links:

https://www.domainregistry.de/dad-domains.html

https://www.domainregistry.de/dad-domain.html

Kapitel 10: Warum deutsche Firmen Dad-Domains registrieren sollten

Die **Dad-Domain** ist eine neue Top-Level-Domain (TLD), die speziell für Väter und Familien entwickelt wurde. Obwohl die Dad-Domain speziell für Väter gedacht ist, sollten auch Unternehmen und Organisationen, die Produkte oder Dienstleistungen für Väter oder Familien anbieten, die Dad-Domain nutzen.

Im Folgenden sind einige Gründe aufgeführt, warum deutsche Firmen die Dad-Domain nutzen sollten:

Zielgruppenansprache

Die Verwendung der Dad-Domain kann helfen, gezielt männliche Zielgruppen anzusprechen, die sich als Väter identifizieren und nach Produkten und Dienstleistungen suchen, die speziell auf ihre Bedürfnisse abgestimmt sind.

Die Dad-Domain ist eine spezifische Domain, die sich an Väter und Familien richtet. Durch die

Nutzung dieser Domain können Unternehmen ihre Zielgruppe präziser ansprechen und sich besser von allgemeineren Domains unterscheiden.

Markenbildung

Eine einprägsame und passende Domain kann dazu beitragen, das Markenbewusstsein zu steigern und die Markenbindung zu stärken. Durch die Nutzung der Dad-Domain können Unternehmen ihre Markenbildung und -positionierung stärken, insbesondere wenn sie Produkte oder Dienstleistungen anbieten, die sich an Väter oder Familien richten.

Suchmaschinenoptimierung

Die Verwendung einer spezifischen TLD wie der Dad-Domain kann dazu beitragen, dass eine Website in den Suchmaschinenergebnissen besser rankt. Eine spezifische TLD kann dazu beitragen, die Relevanz der Website für bestimmte Suchanfragen zu erhöhen.
Den Zusammenhang zwischen besserem Ranking und den Neuen Top Level Domains hat eine Studie von Searchmetrics für die Berlin-Domains

erwiesen. Webseiten mit Berlin-Domains plazieren sich bei regionalen Suchanfragen in Google häufig besser als Webseiten unter den De-Domains und Com-Domains. Das Ergebnis der Studie von Searchmetrics läßt sich so zusammenfassen:

"Bei 42% der Suchanfragen ranken .berlin-Domains lokal besser."

Die Studie von Total Websites in Houston zeigt, daß die Ergebnisse von Searchmetrics auf alle Neuen Top Level Domains verallgemeinerbar sind, also auch auf die Dad-Domains: Sie stellte fest, daß Google die Domainendungen der Neuen Top Level Domains als Schlüsselelement für die Bewertung der Domain nimmt. Total Websites zieht als Fazit:

"Es ist klar, daß die neuen Top Level Domains das Ranking in Suchmaschinen verbessern."

Differenzierung

Da die Dad-Domain eine neue Domain ist, kann ihre Nutzung dazu beitragen, dass sich Unternehmen von Konkurrenten unterscheiden und einen Wettbewerbsvorteil erlangen.

Verfügbarkeit

Da die Dad-Domain eine neue Domain ist, sind noch viele interessante und einprägsame Domains verfügbar, was Unternehmen die Möglichkeit gibt, sich eine Domain zu sichern, die ihrem Unternehmen und ihren Zielen entspricht.

Hohe Merkfähigkeit

Die Dad-Domain gibt Sinn und sie besteht nur aus drei Buchstaben. Sie ist so kurz wie die com-Domain. Daher gilt: Die Dad-Domain ist leichter zu merken sein als viele andere Domain-Endungen, insbesondere wenn der Domain-Name einfach und einprägsam ist.
Die Merkfähigkeit des Domainnames einer Webseite trägt wesentlich zum Erfolg der Webseite bei.

Insgesamt kann die Nutzung der Dad-Domain für Unternehmen, die Produkte oder Dienstleistungen für Väter oder Familien anbieten, von Vorteil sein, um ihre Zielgruppe präziser anzusprechen, ihre

Markenbildung zu verstärken und ein höheres Ranking bei Google zu erzielen.

Jede Standard-Domain kostet in der General Availability 59 EUR/Jahr.

Hans-Peter Oswald

Links:
https://www.domainregistry.de/dad-domains.html

https://www.domainregistry.de/men-domains.html

https://www.domainregistry.de/dad-domain.html

https://www.domainregistry.de/men-domain.html

Kapitel 11: Wie Sie Ihre neue Dad-Domain nicht nutzen sollen

Wir gehen davon aus, dass wir Sie für eine Dad-Domain begeistern konnten und dass Sie daraufhin eine Dad-Domain registriert haben oder registrieren werden. Wir erklären Ihnen hier, was Sie mit Ihrer neuen Dad-Domain nicht tun sollten.

Sie sollten auf keinen Fall Ihren bisherigen Domainnamen löschen. Sie verlieren dadurch im Ranking bei Google, weil Google auch das Alter der Domain berücksichtigt. Sie verlieren dadurch auch alle Backlinks, was zum unmittelbaren Verlust von Traffic führt. Außerdem sinkt das Ranking Ihres Dads bei Google, weil Google die Qualität und Anzahl der Backlinks beim Ranking berücksichtig.

Sie haben drei Optionen:

1. Sie leiten die neue Dad-Domain auf Ihre alte Domain weiter.

2. Sie spiegeln Ihre bisherige unter der neuen Dad-Domain. Webspace mit 10 GB und

vielen Features erhalten Sie bei der ICANN Registrar Secura übrigens für unter 10 EUR im Jahr.

Link:
https://www.domainregistry.de/webspace1.html

3. Sie bauen eine Portal-Seite unter der Dad-Domain auf, die per Link zu Ihrer alten Domain führt.

Angenommen, Ihre Webseite besteht aus einem allgemeinen Teil und einem spezifischen Dad-orientierten Teil.

Sie behalten Ihren alten Domainname für Ihre Webseite.

Auch hier ergeben sich drei Optionen:

1. Sie leiten die neue Dad-Domain auf die spezifische Subdomain oder die URL des jetzigen Dad-Teils weiter.

2. Sie spiegeln nicht Ihre ganze Domain, sondern nur Ihre Dad-spezische Subdomain unter der neuen Dad-Domain.

Webspace mit 10 GB und vielen Features erhalten Sie bei der ICANN Registrar Secura übrigens für unter 10 EUR im Jahr.

Link:
https://www.domainregistry.de/webspace1.html

3. Sie bauen eine Portal-Seite unter der Dad-Domain auf, die per Link zu der Dad-Seite Ihrer alten Domain führt.

Was spricht dafür mehrere Domains zu verwenden, darunter auch die Dad-Domain?

Mehr Netze fangen mehr Fische....

Sie hatten vielleicht einmal Gelegenheit im Urlaub einen traditionellen Fischer zu beobachten. Er wirft nicht nur ein Netz aus, sondern mehrere. Denn er weiß: Mehr Netze bringen mehr Fische. Folgen Sie dem Beispiel des Fischers: Mehr Domains bringen mehr Traffic, damit auch mehr Kontakte.

Früher listete Google in den Suchergebnisse oft eine Domain mit zahlreichen Subdomains oder

URLs. Um mehr Vielfalt in den Suchergebnissen durch das Listen unterschiedlicher Angeboten zu schaffen, hat Google damit aufgehört.

Für Nutzer, insbesondere Firmen, lohnt es sich daher mehr als je zuvor, nicht nur mit einer Domain, sondern mit mehreren Domains im Netz vertreten zu sein. Mit mehreren Domains steigt die Chance von Google mit einer oder mehreren Webseiten in den Suchmaschinen-Ergebnissen gut gelistet zu werden

Kapitel 12: „Domain Hacks“ with Dad-Domains

A domain hack has nothing to do with hacking a domain or website. The "hack" represents a trick (as in programming), not an exploit or break-in (as in security).

Domains such .as .it, .me ,.to, .is and .us are easy to use as domain hacks as they correspond to short, simple dictionary words. Sometimes a name is chosen so that the last few characters match an existing top-level domain, such as "inter.net", so that every character is used in forming the common name.

You can select many Top Level domains for a domain hack.

The Dad-Domains can also be used for domain hacks.

We propose these words for domain hacks. We are sure, that you will find other words ending "dad".

Some examples:

a)

aou.dad
ali.dad
au.dad
a.dad

b)

be.dad
bag.dad
bagh.dad

c)

craw.dad
cau.dad
ciu.dad
comuni.dad

d)

doo.dad

dorsocau.dad

f)

false.dad

g)

grand.dad
gran.dad
generali.dad

h)

ho.dad
hispani.dad
herman.dad

m)

mog.dad
mehr.dad

s)

step.dad

sole.dad

t)

trini.dad
thinguma.dad

v)

vendi.dad

Have fun with your domain hacks!

Hans-Peter Oswald

Links:
https://www.domainregistry.de/dad-domain.html

https://www.domainregistry.de/dad-domains.html

Kapitel 13: Dominios de .dad: Consigue dominios como feliznavi.dad

Con los **dominios de .dad**, son posibles formulaciones llenas de encanto.

Dile a dad qué hacer: bailar.dad, escuchar.dad, aprender.dad, volveracasa.dad.
La imaginación no conoce límites. En estos ejemplos, dad se dirige directamente.

Pero hay alternativas:
Por ejemplo, dar buenos consejos a los niños: confiar.dad, aprenderde.dad, hacer.dad...

Un hackeo de dominio no tiene nada que ver con hackear un dominio o sitio web. El "hackeo" representa un truco (como en la programación), no un exploit o una infracción (como en la seguridad).

Un muy buen ejemplo de un hack de dominio es el dominio feliznavi.dad.

Hay más de 1500 palabras en español que pueden hacer hacks de dominio similares porque terminan en "dad".

Hans Peter Oswald

Links:

https://www.domainregistry.de/dad-domains.html

https://www.domainregistry.de/dad-domain.html

Kapitel 14: Grand.dad and bag.dad are still available (June 2023)

The sunrise period of the **Dad-Domains** is over. The Early Access Period of the Dad- Domains has just begun. The domains grad.dad and grand.dad are still available.

That is surprising.

Both domains are premium domains, i.e. particularly valuable domains. Grand.dad costs significantly less than 1000 EUR/year.

Will a buyer for bag.dad and grand.dad be found soon?

Hans-Peter Oswald

Links:
https://www.domainregistry.de/dad-domain.html

https://www.domainregistry.de/dad-domains.html

Weitere Bücher von Hans-Peter Oswald zu Domains, im Buchhandel und bei https://www.bod.de/buchshop/ erhältlich:

So verkaufen Sie erfolgreich Domains

Warum Sie eine com-Domain für Ihre internationale Webseite verwenden sollten

Warum Sie eine De-Domain für Ihre Webseite verwenden sollten

Berlin-Domain - eine erste Adresse Deutschlands

Blockchain-Domains: Wie sie nützen und wie Marken schützen

Warum man Me-Domains verwenden sollte…

Radio-Domain: Die Domain für Internet-Radios, Amateurfunker und Rundfunksender

Die Swiss-Domain - die zweite Länder-Domain der Schweiz

Warum Sie eine Dad-Domain für Ihr Internet- Dad verwenden sollten

Warum Sie Koeln-Domains und Cologne-Domains für Ihre Köln-Webseiten verwenden sollten.

Anmeldung von Marken beim Trademark Clearinghouse

Chancen und Gefahren der NEUEN TOP LEVEL DOMAINS

Impressum:
Bibliografische Information der Deutschen Nationalbibliothek:
Die Deutsche Nationalbibliothek verzeichnet diese Publikation in der Deutschen Nationalbibliografie; detaillierte bibliografische Daten sind im Internet über dnb.dnb.de abrufbar.

Herstellung und Verlag: BoD – Books on Demand, Norderstedt

ISBN Nummer: 9783757823795

FSC
www.fsc.org
MIX
Papier aus verantwortungsvollen Quellen
Paper from responsible sources
FSC® C105338